AF440210

LA
PAIX ARMÉE

LA GUERRE, LA PAIX RÉELLE

« La paix est le rêve des sages. »
« La guerre est l'histoire des hommes. »

Prix : 50 centimes.

PARIS

DUMAINE, LIBRAIRE | GARNIER FRÈRES, LIBRAIRES
RUE DAUPHINE | PALAIS-ROYAL

DÉPOT, RUE THOUIN, 6 (PRÈS LE PANTHÉON).

1870

LA PAIX ARMÉE

LA GUERRE, LA PAIX RÉELLE

I

Des empires immenses, formidables, ont péri victimes de leur imprévoyance, de leurs discordes intérieures ou de l'affaissement de l'esprit national et militaire. La France elle-même, ce « soldat de Dieu (1), » a été ainsi plusieurs fois à deux doigts de sa perte. L'histoire nous montre donc qu'il faut sans cesse se tenir en garde contre ces écueils.

II

Aujourd'hui, par l'agrandissement étonnant d'un État ambitieux, jaloux, insatiable, qui nous est plus

---

1. Expression de Shakespeare.

que jamais hostile, nous sommes contraints à un état de paix armée désastreux.

Par suite aussi d'un prodigieux progrès dans l'armement (progrès bien plus favorable à la supériorité du nombre qu'au courage), le temps n'est plus où nous pouvions, par la valeur, vaincre des forces très-supérieures, et en ce moment, notre pays, tout puissant, tout modéré qu'il est, se voit forcé de rechercher avec ardeur les moyens de sortir d'une situation fatale, pour se trouver prêt en cas de conflit.

III

Ainsi qu'il est dit dans les *Études et Tableaux de la Vie militaire*, « par la mise en usage des nouveaux « fusils, l'infanterie française a perdu presque tous ses « avantages sur les autres infanteries; l'héroïsme et « l'impétuosité de notre cavalerie sont rendus aussi « presque nuls devant la mousqueterie, et notre habile « artillerie, comme celle des autres nations, est forcée de s'abriter ou de se tenir à de longues distances. » Vu cet état de choses, dans un pays jalousé comme la France, toute organisation militaire qui ne permet de pouvoir compter sérieusement, en cas d'agression, que sur l'armée active, est insuffisante, et expose aux plus grands dangers.

Nous sommes dans une nouvelle ère de guerre qui doit être examinée sérieusement; sans aucun doute il nous arriverait malheur, si nous venions à rester en arrière. Les abordages à l'arme blanche, action de la plus haute bravoure, qui faisaient notre principale force, étant devenus à peu près impossibles, il est indispensable qu'en campagne, nous mettions en ligne autant d'hommes que l'ennemi, pour nous préserver des mouvements tournants ; attendu aussi que les coups de feu des soldats médiocres, mais bons tireurs, portent autant que ceux des plus braves.

On le voit : désormais, à notre détriment, l'audace sera presque toujours paralysée par le feu. La prudence, la rapidité, la ruse, l'adresse dans le tir, ainsi que la puissance de portée des armes, seront plus souvent en action que le courage, et, nous le répétons, l'infériorité du nombre sera toujours très-dangereuse, à cause des mouvements tournants.

La cartouche jouera donc un rôle immense ; malheur à qui elle viendra à manquer dans une action !

Notre soldat, si courageux, n'est rien moins que prévoyant ; il est porté à gaspiller ses munitions. La nouvelle manière de combattre le forcera à réfléchir, car, sans la prudence, il n'aura que des défaites en perspective : nous reviendrons là-dessus.

IV

A une époque où toutes les nations de l'Europe sont armées d'une manière formidable, quand des

États puissants, aussi ambitieux qu'envieux et perfides, rêvent notre abaissement, en présence de la possibilité d'une guerre prochaine, nous devrions avoir deux corps de réserve équivalent, par la solidité, à deux armées actives ; de telle sorte qu'en cas d'un échec subi par notre avant-garde, elle pût se joindre aux deux réserves pour reprendre l'offensive.

Tel est le sentiment du chef de l'État et de tous nos hommes de guerre, exprimé dans leurs discours et leurs écrits. — Telle n'est pas notre situation, il s'en faut.

On devrait même pouvoir compter sur la garde nationale sédentaire, pour occuper les places fortes et maintenir l'ordre à l'intérieur. Cet état de choses, d'ailleurs, doit être parfaitement préparé d'avance : aujourd'hui, plus que jamais, l'imprévoyance peut perdre une nation.

Pour se faire respecter, il faut être complétement en état de se défendre, et plus on est fort, plus on est respecté.

V

Quand nous aurons la guerre, voici, indépendamment de ce que nous avons déjà dit, cinq graves écueils à éviter :

La lenteur dans l'expédition des affaires administratives ; nous laisser devancer dans le perfectionnement des armes et des accessoires ; lésiner, batailler sur les dépenses à faire et se décider trop tard ; les dissensions politiques; le manque de surveillance, la tolérance à l'égard des traîtres.

Dans cette circonstance de guerre, malheur encore aux Français qui oublieront que le vœu le plus ardent, le rêve de tous les instants de nos ennemis, est le démembrement de la France!

VI

Nos deux armées de réserve n'étant pas assez souvent ou assez longtemps rassemblées, offriraient peu de ressources pour résister à une armée victorieuse. Des hommes rappelés à l'activité, travaillés comme ils le sont par les idées de paix universelle et par la malveillance, reviendraient sous les drapeaux certes avec plus de regret que d'empressement. D'ailleurs ils se trouveraient placés sous des chefs peu connus d'eux, et qui, pour cette raison même, ne leur inspireraient qu'une confiance et un attachement médiocres; ces chefs n'auraient donc qu'un pouvoir très-faible pour entraîner leur subordonnés dans des moments difficiles.

Quant à la garde nationale mobile, travaillée par les mêmes idées que la première réserve, on ne pourrait sérieusement compter sur elle, à moins qu'elle n'eût passé un temps suffisant dans les camps et qu'elle fût placée sous les ordres de chefs offrant des garanties solides, car le courage et des épaulettes ne suffisent pas pour commander.

Ajoutons à ces considérations que notre armement laisse beaucoup à désirer, cas très-sérieux. Heureusement, ces imperfections et ces dangers, sont rémédiables; mais il importe de les faire disparaître au plus tôt : le mal arrive avec rapidité, souvent d'une manière foudroyante; le bien chemine lentement.

VII

Pour éviter bien des déceptions, de graves dangers même, il faut aujourd'hui aux jeunes militaires des quatre armes (1), pour former et accélérer leur éducation militaire, un Manuel national, sérieusement instructif et attrayant; un guide enfin, propre à élever le moral et à développer toute l'intelligence du soldat; propre également à toute la jeunesse des villes et des campagnes, ouvrage capable d'entretenir l'esprit patriotique et militaire, tel, qu'après trois semaines de présence sous les drapeaux, le jeune soldat en sache autant ou même plus qu'après cinq ans de service, dans les conditions actuelles. Après sa libération, rentré dans sa famille, avec le savoir puisé dans son Manuel, il sera parfaitement propre à rendre de sérieux services pendant la paix comme pendant la guerre, et même à devenir un bon chef dans cette dernière circonstance.

1. Les 3 armes de terre et la marine.

Ce livre essentiellement moralisateur, introduit dans les bibliothèques communales, serait apprécié par les familles, à une époque où les délits et les forfaits sont arrivés à un degré inouï.

Ce Manuel existe (*Études et Tableaux de la Vie militaire :* chez Dumaine libraire, rue Dauphine ; Garniers frères, Palais Royal, et chez l'auteur, rue Thouin, 6, près du Panthéon).

Dans ce livre, le soldat trouvera une instruction pour toutes les circonstances de la vie privée et militaire ; avec ce guide, il apprendra à raisonner sur la noble profession des armes, spécialement sur la guerre ; le jeune homme qui d'avance sera imbu des principes qu'il contient, en sortant de ses foyers, arrivera tout formé, moralement, à son corps, et trois semaines suffiront pour achever son instruction matérielle, au moins dans l'infanterie.

N'omettons pas de dire que notre garde nationale sédentaire, qui s'est illustrée par tant de preuves de dévouement à la patrie, aujourd'hui pourvue de ce guide, triplerait sa force.

Des conférences pourraient être faites, dans tous les corps, sur cet ouvrage ; elles intéresseraient vivement et instruiraient à fond les auditeurs, elles leur feraient mieux et plus vite apprécier leurs chefs. En quinze jours il n'y aurait plus de novices dans nos armées. Nous affirmons qu'en instruisant, en formant nos soldats d'après les principes indiqués dans l'ouvrage précité, nos armées deviendraient plus que jamais formidables. Avec l'intelligence bien développée de nos soldats, avec le courage français, nos forces guerrières étant établies sur des bases solides et toujours à la hauteur du progrès rendraient la France impérissable, malgré nos divisions intérieures accidentelles. — Oui, cent fois oui, nous pouvons en venir là !

En terminant ces observations sur nos troupes, n'oublions pas de rappeler que le soldat français est un des moins disciplinés de l'Europe, malgré les qualités de ses chefs, et qu'avec les nouvelles armes et la nouvelle manière de combattre il faut, à toute force, pour éviter de terribles malheurs, qu'il se corrige de ses dangereux défauts. Qu'on ne l'oublie pas : *A la guerre, les soldats qui veulent remplacer la discipline et l'art par l'intrépidité et les hasards courent vers les désastres.*

Entrons dans quelques détails à ce sujet :

Si le soldat français possède les plus brillantes qualités, il est aussi entaché des plus sérieuses imperfections, contre lesquelles on n'a jamais rien fait de spécial et d'énergique ; il n'est rien moins que pénétré de l'immense importance de la discipline en campagne, quoique souvent elle décide d'une victoire ou préserve d'une défaite ; dans un bivac, il détruit en vingt-quatre heures les ressources de huit jours ; si l'on a de la peine à l'arrêter dans la victoire, il est presque toujours impossible de le retenir dans la défaite. Ajoutons qu'aujourd'hui il progresse sous le rapport de l'intempérance : signe fatal... L'ivrogne n'est jamais qu'un triste citoyen, et encore un plus mauvais soldat.

Pour se corriger radicalement, nos soldats devront toujours se rappeler que, sur le champ de bataille, le sort de la patrie est entre leurs mains, et combien il est douloureux, affreux d'être vaincu, insulté, mutilé ou captif, puis dénationalisé, lorsque l'on a déployé une valeur héroïque.

VIII

Dans une brochure intitulée : l'*Art de combattre
l'armée française*, par le prince Frédéric-Charles de
Prusse, brochure traduite en français et imprimée à
Paris, en 1867, où les défauts de l'armée française
sont mis en évidence, on trouve des passages tels
que ceux-ci :

« Les Français n'entendent rien à une retraite bien
« ordonnée. Ils cherchent à se devancer les uns les
« autres et leur fuite devient un sauve qui peut gé-
« néral. C'est là une de leurs plus grandes faiblesses
« dont il faut savoir profiter. »

Et plus loin, l'auteur dit aussi :

« Les attaques de nuit ne sont pas l'affaire des Fran-
« çais. Ils paraissent les craindre, sans doute parce
« que de nuit leur désordre habituel dégénère facile-
« ment en dissolution complète. On connaît par
« d'anciennes relations de guerre les paniques qui
« les saisissent quelquefois de nuit et même de jour,
« témoin celle qui s'empara d'eux dans l'après-midi
du second jour de leur victoire, près de Wagram. »

Beaucoup de nos retraites confirment ce que dit le
prince.

Or, une retraite désordonnée ou une panique peut
faire perdre complétement une bataille ; une bataille

perdue peut entraîner le démembrement d'une nation.

Nous avons perdu la bataille de Waterloo, parce que notre cavalerie de réserve, manquant à la discipline, a voulu (moins les chefs) charger intempestivement et sans ordre.

En 1814 et 1815, nous avons été à la merci de l'ennemi; la France pouvait être démembrée; les coalisés n'en ont pas fait le partage, parce qu'une des puissances (la Russie) n'y aurait pas trouvé son compte.

(Notre caractère est ainsi, nous ne gardons pas assez la mémoire de certains faits. La prévoyance n'est pas toujours, non plus, une de nos vertus.)

Voilà des avertissements et une affreuse leçon qu'il ne faut pas oublier.

Mais n'est-il pas aussi singulier que déplorable que l'on puisse s'exprimer, *avec autorité*, sur l'armée française, comme vient de le faire un adversaire franc et compétent?

Est-ce que tout Français ne doit pas sentir son amour-propre froissé, humilié à la lecture de ce que nous venons de rapporter?

Il faut pourtant s'incliner devant l'histoire! — Mais c'est cruel... A côté de l'extrême valeur, l'extrême faiblesse!

Hâtons-nous de dire que les chefs n'ont jamais été entachés de la faiblesse de nos soldats qui entendent si mal la discipline et les retraites; les chefs de notre armée sont des types de solidité, comme d'intrépidité.

Un étranger, militaire, qui n'aurait jamais entendu parler des armées de l'Europe, qui verrait une armée russe battre en retraite devant une des nôtres, et le lendemain se trouverait en présence d'une de nos lâches et stupides débandades, aurait une triste opinion de nous, et parierait certainement plutôt pour l'avenir de la Russie que pour celui de la France.

Les soldats russes vont où vont leurs chefs : voilà ce qui a fait la force de la Russie, *avec la politique qu'on lui connaît.*

Nous venons de nous servir de l'épithète de lâches et stupides, voici pourquoi :

Des soldats qui n'écoutent plus leurs chefs devant l'ennemi et fuient parfois en désordre, comme les nôtres, n'ont plus, dans ces moments-là, ni cœur ni raison, quels que soient d'ailleurs leurs antécédents.

Une armée qui est forcée de battre en retraite devant des forces très-supérieures, peut perdre un cinquième ou un quart de son monde en se retirant avec ordre, tandis qu'avec le *sauve qui peut* (qui risque de faire tomber une nation sous le joug de l'ennemi), les deux tiers ou les trois quarts des fuyards n'échapperont pas à la destruction ou à la captivité. Il y a donc considérablement à gagner à raisonner, à écouter ses chefs, à battre en retraite avec courage, ce qui peut sauver la vie, et sauve certainement l'honneur.

Donc, des soldats qui n'obéissent pas au commandement sur le champ de bataille sont des insensés ou des hommes déshonorés qui perdent le titre glorieux de défenseurs de la patrie, et ne méritent plus que le mépris de leurs concitoyens.

Il nous en a rudement coûté pour nous exprimer comme nous venons de le faire, mais l'intérêt du pays avant tout.

IX

Nous sommes de ceux qui pensent fermement que nos soldats peuvent être corrigés de leurs fatals défauts; nous l'avons dit, un Manuel énergique, mis entre leurs mains, et des conférences peuvent faire disparaître leurs imperfections; en peu de temps, ils apprendront à battre en retraite avec intelligence et courage.

On instruit très-bien, matériellement, notre soldat; mais la partie morale, point immense! est presque complétement négligée. Personne, ou à peu près, pour parler à l'âme, pour secouer le cœur! et nous avons des professeurs distingués, en tous genres, dans tous les corps! Des professeurs d'art et de morale militaires, pour la troupe, peuvent rendre d'immenses services; instituez-en donc! ils sont tout trouvés.

Oui, l'éducation de nos soldats est encore à faire!

Avec l'ouvrage cité et des conférences, plus de désœuvrement ni d'ignorance, plus de nostalgie pour les jeunes soldats, et en peu de temps, l'amour raisonné de la patrie et de la discipline sera profondément enraciné dans leur cœur.

Un chef éminent de notre armée vient de nous dire : « Pourquoi ne ferait on pas aussi aux sous-officiers et caporaux, ainsi qu'aux soldats instruits, des conférences avec votre brochure? »

Question à examiner.

Il est probable que le prince Frédéric, par son langage a causé une certaine joie et fait naître dans l'esprit des officiers prussiens un vif désir de nous tâter de nuit, et il pourrait bien se faire qu'ils nous voient déjà culbutés dans des attaques de ce genre. Il doit y avoir quelque chose de semblable dans l'imagination de l'armée prussienne, le prince a parlé avec trop d'assurance pour qu'il n'en soit pas ainsi. Dans tous les cas, nous sommes prévenus : « Il faut toujours profiter des bons avis, de quelque part qu'ils viennent. »

Nos voisins rappellent avec orgueil, à tout propos, qu'en deux ans ils sont entrés deux fois à Paris, et ils ajoutent qu'ils nous feront bientôt une troisième visite; ils se sont déjà partagé, pour prendre leurs ébats, les quartiers de la capitale et tous les châteaux et les villas des environs (1).

Nous n'entreprendrons pas, pour répondre aux forfanteries de nos voisins, de rappeler les déconfitures qu'ils ont essuyées devant nous; cela serait trop long.

Par suite du succès étonnant qu'ils ont obtenu en 1866; en présence de nos désaccords intérieurs, de nos tiraillements, de nos dispositions militaires insuffisantes et de l'esprit travaillé de nos populations, les Prussiens ont trop de présomption pour mettre maintenant en doute leur *invincibilité* et leurs succès futurs.

On vient de le voir, et nous le démontrerons encore, nous n'avons donc pas à nous faire illusion avec l'utopie de la paix universelle.

1. Historique

OBSERVATION PARTICULIÈRE

Dans une note de l'auteur des *Etudes et Tableaux de la Vie militaire*, nous trouvons ce qui suit :

« Possibilité de l'adoption du Manuel national « pour la troupe.

« L'adoption de ce Livre-guide ne coûterait rien au « trésor.

« D'un prix minime (1 franc) et devenant la pro- « priété de chaque homme qui l'emporterait dans ses « foyers à sa libération, il pourrait être porté au « compte de la masse individuelle de linge et chaus- « sure.

« L'auteur a indiqué, à la fin du livre, de quelle « manière cet ouvrage serait constamment tenu à la « hauteur du progrès.

« Pour juger de son utilité, une commission com- « posée d'officiers pris dans la garnison de Paris, « nommée par Son Excellence le ministre de la guerre, « serait appelée à décider si le Manuel remplit le but « que l'auteur s'est proposé. Et dans le cas affirma- « tif et d'adoption de l'ouvrage, l'auteur léguerait, « par testament, à l'armée, le droit d'impression « pour son usage. »

X

Revenons à notre principal sujet.

Lorsqu'une nation est arrivée à un haut degré de splendeur, c'est alors qu'elle a le plus d'efforts à faire pour s'élever encore ou même simplement pour se maintenir à son point d'élévation.

En oubliant ce principe, on marche donc vers la décadence.

Il est de toute évidence qu'il faut constamment tenir ses forces à la hauteur de celles de ses adversaires, les fourbes ambitieux étant toujours prêts à se jeter sur les imprudents et les faibles. L'histoire est là pour nous montrer de ces faits odieux dont plusieurs sont encore récents, tels que les mitraillades et les fusillades en Danemark, dans une guerre odieuse, contre un peuple faible, aussi loyal qu'héroïque ; la suppression du royaume de Hanovre ; l'annexion violente de la ville libre de Francfort. Et quoique cela date de plus loin, on n'a pas oublié les égorgements de la Grèce, de l'Italie, de la Pologne, et il est encore présent à notre mémoire comment nous avons été traités dans deux invasions ; et voilà ce que pourraient amener encore les discordes intérieures, l'imprévoyance, l'affaissement de l'esprit national et militaire.

Les questions que nous traitons sont des plus graves ; la raison nous commande, pour le présent comme pour l'avenir, d'y réfléchir profondément.

Plusieurs des puissances qui o... commis les crimes que nous venons d'énumérer so... encore prêtes à recommencer, nous venons d'en avoir des preuves. Croyez donc à la possibilité d'une entente pacifique et générale avec de tels États ! Les esprits généreux qui croient à cette possibilité et dépensent leur éloquence et leur énergie, pour nous faire partager leur opinion, nous poussent vers une catastrophe...

Espérons pourtant que le sentiment public ne se laissera pas égarer plus longtemps. Mais disons-le, la situation est déjà très-compromise.

La pensée de la possibilité de la paix universelle est l'idée la plus généreuse qui soit venue à l'esprit de l'humanité ; mais cette paix sera constamment irréalisable (nous le démontrerons), et il faudra toujours se contenter d'en approcher le plus possible.

Des hommes d'un noble cœur, des patriotes aussi énergiques que distingués, écrivent des brochures, font des conférences pour démontrer que la guerre est une chose odieuse, ce dont les honnêtes gens conviennent parfaitement, et que la paix universelle est possible, tandis que nous affirmons qu'elle ne sera jamais qu'une utopie. Et bien, le dévouement de ces hommes honorables ne produit qu'une chose, notre affaiblissement moral, le plus difficile à réparer, une fois qu'il est commencé. Or, on n'a jamais vu un peuple se tirer d'un mauvais pas, par la faiblesse.

D'un autre côté, ces conférences et ces brochures font que nos ennemis s'organisent et se fortifient tant qu'ils peuvent, attendu qu'en voyant notre situation morale, ils sentent que le moment n'est pas loin où ils pourront nous donner encore une leçon qui nous conduirait probablement bien au delà de celles que nous avons déjà reçues. Les dispositions morales et les armements de l'Allemagne et de la Russie peuvent nous faire réfléchir sérieusement. Nous reviendrons plus d'une fois sur ce sujet.

XI

Faire la guerre par ambition, oui, c'est être barbare, odieux.

Reculer devant la guerre lorsque la raison, la justice, l'honneur et l'intérêt disent qu'il faut la faire, c'est tout à la fois manquer de jugement, de prévoyance et de courage; car dans une telle circonstance on ne se sauve pas par la peur! L'ennemi marche à vous, et l'on est honteusement battu !

Avec le lâche parti de la paix à tout prix ; avec nos désaccords intérieurs, nos haines politiques et des idées erronées, l'esprit national et militaire s'est déjà singulièrement affaissé chez nous : premier pas terrible vers une décadence !

XII

Nous venons d'en dire assez pour ramener dans la voie de la vérité et du possible ceux de nos concitoyens poussés dans la voie contraire.

Généreux utopistes, prenez-y garde! lorsque nous serons forcés à une guerre, au lieu de soldats, nous n'aurons plus que des hommes énervés par vos idées !

— Le péril où vous nous conduisez est-il assez grand?

Il ne faut pas se faire illusion: dans une guerre avec l'Allemagne, si nous venions à avoir le dessous, la France serait inévitablement démembrée; ceci est parfaitement écrit dans la politique de la Prusse qui vise à l'empire d'Occident, comme la Russie à l'empire d'Orient, et les États-Unis, à un vaste empire d'Amérique. Donc, malheur à nous toujours, si, comme en 1814 et 1815, nous venions à être divisés en deux camps.

On le voit, la France est la première nation intéressée dans les questions que nous traitons. Dans le cas d'un désastre subi par nos armes, la Hollande, la Belgique et la Suisse, étant restées neutres, perdraient infailliblement leur nationalité, et si, dans cette situation, la Russie venait donner la main à l'Allemagne, la Suède, le Danemark, la Turquie, la Grèce finiraient par avoir le même sort.

Les choses pourraient aller encore plus loin, mais nous nous en tiendrons là. Qui pourrait empêcher tout cela, si la France était vaincue? — Personne. L'Angleterre, l'Autriche et l'Italie étant restées neutres aussi, plus tard seraient impuissantes devant le colosse allemand et le flot russe, surtout si, par haine pour sa rivale commerciale, l'Amérique du Nord venait se joindre à la Russie, à laquelle elle désire depuis longtemps s'allier (1).

1. En cas de conflit entre les trois premières puissances et les trois dernières, l'Angleterre, craignant pour ses possessions de l'Inde et pour l'Irlande, serait fort embarrassée; l'Autriche a beaucoup à faire dans son intérieur, et l'Italie n'est pas encore suffisamment assise et manque de finances.

XIII

De tristes sophistes, ambitieux, cherchant la popularité ; des hommes turbulents, dissolus, sans patriotisme ; d'autres rêveurs, fous politiques ; tous dans des positions plus ou moins influentes, mais qui ne suffisent pas à leur ambition, travaillant l'esprit des classes ouvrières et commerciales, peuvent, à certains moments, jeter un pays dans de graves embarras et de sérieux dangers.

Ne serait-ce pas assez, déjà, des orateurs prolixes qui, à la tribune nationale, prolongent déplorablement des discussions qui font perdre un temps précieux, lorsque des lenteurs, dans la situation où nous sommes, peuvent causer un mal irrémédiable !

Honneur aux hommes de talent qui, infatigables, apportent à cette même tribune leur énergique éloquence d'hommes d'État ; le pays attentif les écoute... et juge. Un jour, la patrie plus calme, leur témoignera doublement sa reconnaissance.

Si notre jeunesse éclairée, ardente et généreuse, apportait son tribut, de l'ensemble et du calme dans ses manifestations, elle produirait un salutaire effet ; elle servirait aussi noblement la patrie, en attendant d'autres circonstances suprêmes.

Il est parfois des haines politiques qui se manifestent fatalement au détriment de l'intérêt moral et

matériel d'une nation, et nous sommes malheureuse-
ment dans ce cas là. Par moment, on dirait que, pour
certaines classes, la raison, l'entente et le suffrage
universel sont des fictions.

Lorsque la France n'est point satisfaite de la direc-
tion qui lui est imprimée, elle n'a que faire, pour
manifester son improbation, d'energumènes, d'extra-
vagants, d'individus tarés, qui visent à une popularité
de bas étage et veulent atteindre à la renommée, à la
fortune par le scandale et le désordre.

Certes, le pays peut se passer de telles gens pour
exprimer ses sentiments; ce n'est pas par des actes
de bassesse, de dévastation que l'on doit se venger si
l'on se croit lésé dans ses intérêts.

Faut-il rappeler ici que, entraînés par les fourbes
et les fous que nous venons de citer, des insensés, à
peu près sans armes, vont, pour manifester leur opinion, en vociférant et en établissant des barricades
ridicules, s'exposer, inutilement, aux balles, aux char-
ges de cavalerie, à la prison, et jettent ainsi leur
famille dans l'inquiétude et la désolation. A quoi
bon ces folies, lorsque nous possédons la plus irrésis-
tible des armes, le droit de plainte et le libre vote!

Est-ce que des manifestations incessantes, aussi
sages qu'énergiques, de la presse; des brochures,
comme il en existe déjà, écrites avec patriotisme; les
plaintes des Conseils municipaux, les vœux des Conseils généraux; des pétitions collectives au Sénat, le
blâme général, le suffrage universel et les réclama-
tions de la tribune législative ne suffiraient plus pour
obtenir des réformes salutaires et opportunes? —
Est-ce qu'un tel faisceau de manifestations ne serait

pas préférable à des émeutes aussi funestes que pitoyables, à des écrits incendiaires, scandaleux qui font rougir un pays et le poussent aveuglément, de parti pris, dans un abîme dont personne ne peut mesurer la profondeur, et qui engloutirait ceux là mêmes qui l'ont entrouvert?

La dignité et le bon sens ne sont-ils donc plus en honneur chez nous? — Disons-le, les étrangers sont parfois portés à le croire !

XIV

Faire de l'opposition à un gouvernement qui s'abuse, c'est sagesse, c'est devoir. Mais jeter dans l'erreur les populations qui sont la grande force matérielle du pays, c'est une odieuse trahison !

Nous dénonçons à la France, toute puissante, toute formidable qu'elle est, comme pouvant la perdre, ou la faire déchoir, les hommes antipatriotiques que nous venons de signaler, et d'autres, fatalement irréfléchis, travaillant tous déjà depuis longtemps à tuer notre esprit militaire qui a fait toujours notre principale gloire et notre immense puissance, esprit sans lequel nous n'existerions pas !

Rappelons le : « Les nations chez lesquelles l'esprit « militaire a baissé ou disparu ne sont plus, ou sont « au dernier rang. »

Si, comme l'antique Grèce et l'empire romain,

notre pays doit tomber un jour dans un désastre, ce sont des hommes tels que ceux que nous venons de qualifier qui l'y auront précipité!

En ce moment plus que jamais, la France est couverte d'espions étrangers, parfaitement servis par nos ennemis de l'intérieur, et, répétons-le, ce qui donne tant d'audace aux États pertubateurs de l'Europe, ce sont nos désaccords intérieurs, nos tiraillements, notre organisation militaire insuffisante, ainsi que l'esprit travaillé de nos populations.

Pour sortir de la situation fausse et dangereuse où nous sommes, il n'y a qu'un réveil énergique de l'esprit national qui puisse nous faire surmonter tous les obstacles.

De quel côté viendra le patriotique signal?..

Restera-t-on immobile devant un pressant besoin de la patrie?

Les dissensions l'affaibliraient de moitié; l'union doublerait sa puissance...

XV

Si c'est un devoir sacré de travailler à maintenir la paix, il est non moins important de savoir faire la guerre à propos.

Une détermination héroïque peut conjurer d'immenses périls et donner une victoire éclatante.

Dans un temps d'étonnants progrès matériels, où les spéculations et l'amour de l'or font souvent oublier l'équité et la prévoyance politique, on s'élève avec emportement contre la guerre, et cependant c'est la guerre qui, lorsque les nations honnêtes sauront s'entendre, c'est la guerre, ou simplement la menace, qui fera continuer le progrès, en arrêtant les conquérants forcenés qui rêvent l'asservissement des peuples.

Tout en voulant la paix, ce bien précieux, ne soyons pas injustes envers la guerre, qui peut détruire complétement la barbarie et le fléau des conquêtes.

Encore une fois, le plus sûr moyen pour avoir une paix générale, c'est d'arrêter court, par la force, la possibilité future des conflits ou de la paix armée.

Une fois la paix obtenue, des alliances, des traités, entre les États consciencieux mettraient tous les pays à l'abri de l'ambition des États monstres et envahisseurs.

XVI

Malgré sa situation de malaise, on peut dire en ce moment à la grande nation :

Si tu veux accomplir ta mission providentielle, si tu veux une paix digne de ton passé, il est temps de faire la guerre!

Oui, il faut choisir! La guerre un moment, puis désarmement général; ou la paix armée, toujours synonyme de la crainte indigne d'une grande nation! Oui, la paix armée, avec ses inquiétudes, ses dangers et ses désastres financiers!

La France veut la paix, elle l'a sincèrement, énergiquement prouvé; mais elle ne peut la vouloir aux dépens de sa dignité, au prix de sa fortune, et en restant sans cesse sous le coup d'une menace.

Sous quelque rapport que ce soit, elle n'a rien à se reprocher; ce n'est pas elle qui veut violer les traités et qui nécessite un état de paix armé ruineux; son souverain a tout fait pour conjurer les conflits, et nous n'avons obtenu des arbitres de l'Europe que du dédain déguisé ou des refus de concours mal motivés.

XVII

Est-il nécessaire de rappeler ici que la France a toujours été victime de sa loyauté et de sa générosité?

L'accusera-t-on encore un jour de s'être laissé duper?

Oui, « il est temps de faire la guerre! » elle est inévitable, elle est indispensable pour changer une situation qui menace de se prolonger indéfiniment, si l'on attend que certains États mettent un terme à leur fourberie et à leurs iniquités, à leurs envahissements; États toujours prêts à violer les traités, à attaquer ce qui est faible, à exterminer la moitié d'un peuple, pour soumettre le reste !

Avec de tels États, toutes les négociations diplomatiques possibles n'amèneront jamais une entente générale, et nous ferons bien de ne pas nous laisser leurrer.

Oui, dans l'immense intérêt de la France et des États honnêtes, une guerre est indispensable, mais il importe de la circonscrire sur un seul point.

Ainsi nous obtiendrons une paix réelle, à jamais glorieuse; mais, nous le répétons, ce résultat ne sera atteint que par la force; et si notre adversaire trouvait des alliés de sa trempe, les nôtres sont tout prêts! Nous n'avons aujourd'hui, sur notre continent, pour perturbateurs du repos des nations, que deux États, astucieux et sans foi, qui viennent de nous faire une menace gratuite, formelle (1), en nous rappelant insolemment un de nos plus grands malheurs ; mais ce malheur rappelle aussi leur lâcheté, car ils étaient dix contre un. On le voit, ces États sont donc plus que jamais disposés aux bouleversements, puisqu'ils se font des appels à huit cents lieues de distance. Pourtant, malgré eux, malgré leurs machinations, nous arriverons à la paix réelle, si la nation,

1. Les deux lettres de l'Empereur de Russie et du roi de Prusse.

dont la place est marquée à l'avant-garde, sait prendre à temps une résolution digne d'elle.

S'il est sage, s'il est grand de vouloir fermement la paix, il est non moins magnanime et sage de faire la guerre à des ambitieux, à des perturbateurs odieux.

La sincérité de nos intentions, la justice de notre cause, notre dévouement au progrès, notre sympathie pour les peuples loyaux, *des assentiments intéressés*, les moyens dont nous pourrons disposer, nous répondent du succès !

Nous espérons que tout lecteur attentif, consciencieux, impartial, ne verra, dans cet écrit, que l'expression de l'amour de la patrie. Nous avons une aversion complète pour les armées très-coûteuses et inutiles. Une fois la paix assurée, nous ne voudrions voir dans le pays que les troupes strictement nécessaires pour y assurer l'ordre; mais ce que nous désirons ardemment c'est d'y voir maintenir l'esprit national et militaire ; qu'on ne l'oublie pas :

« La guerre est l'histoire des hommes. »

APPENDICE

Deux manières pour obtenir le désarmement en Europe.

« Qui veut la fin veut les moyens. »

I

On ne saurait réfléchir trop profondément lorsqu'il s'agit de rechercher les moyens de faire succéder
aux malaises et aux agitations le calme qui rapproche
les hommes, produit le bien-être et conduit au bon-
heur.

II

Dans un siècle qui a la prétention d'être plus
avancé qu'aucun autre, rester sous le poids écrasant
d'une paix armée ruineuse, qui jette la défiance, la
pertubation partout, et dont personne ne peut pré-
voir la fin, est un spectacle aussi étrange qu'affligeant.
Examinant la prétention dont nous venons de
parler, nous sommes pourtant forcé de reconnaître
que si le mode d'instruction (sous certains rapports,
et les sciences qui ont trait à nos intérêts matériels
ont accompli des progrès sérieux, le moment est loin

encore où la raison pure sera le suprême régulateur
de nos actions.

III

La paix universelle, ce rêve des sages, paraît plus
que jamais impossible, lorsqu'on examine un seul
moment l'humanité. En effet, l'absence ou le peu
de culture morale chez certains peuples ; la différence
excessive des races, des tempéraments, des croyances,
des climats, des genres d'existences, puis l'ambition,
l'iniquité de certains États, le manque d'entente
chez d'autres, tout cet ensemble de circonstances
s'oppose invinciblement à la paix générale.

Mais il n'en est plus de même, s'il s'agit seulement
d'une fraction de l'humanité.

La paix générale, en Europe, serait possible de
deux manières :

D'abord par une entente parfaite des nations qui
désirent un désarmement rationnel, et qui peuvent y
contraindre celles qui s'y refusent. Or, il n'y a que
deux États, en Europe, qui ne veulent pas désarmer :
l'un parce qu'il convoite la Turquie, et plus ; l'autre,
parce qu'il veut, à son profit, la domination de l'Allemagne entière, et autre chose encore. Ces deux
États, familiarisés avec l'iniquité, croient fermement
qu'il leur sera possible de faire de nouvelles victimes.

Mais quinze États, qui désirent le désarmement
contre deux qui le repoussent, pourraient-ils l'im-
poser ? — Oui. — Pourrait-on s'entendre à cet égard ?

— Oui. — Mais aujourd'ui s'entendrait-on complète- ment entre les quinze États? — Non. — Et pourquoi? — Là, pas loin de nous, par suite d'égoïsme et de jalousie; ailleurs, faute d'une politique habile et élevée.

On ne l'ignore pas : avec un vaste savoir, on peut manquer foncièrement de jugement; et s'il se ren- contre alors dans quelques États des hommes peu scrupuleux, gagnés, on tombe dans la situation où nous sommes, ou dans de sanglants conflits. Et qu'on le remarque bien, ceux qui manqueraient de décision, de jugement aujourd'hui seraient, dans un bouleverse- ment, les premières victimes.

Cependant, en ce moment, la mise à la raison d'un des deux États récalcitrants suffirait pour amener une régénération européenne et pour tout calmer.

IV

Des docteurs, des hommes de haute science, des phi- losophes, des autorités désignées par le choix de leurs souverains ou par le suffrage de leurs compatriotes, sont appelés à décider cette simple, mais pourtant immense question !

Mais si l'ambition tue l'équité chez ceux qui ne veulent pas désarmer, ajoutons que l'imprévoyance et la pusillanimité dominent chez beaucoup d'autres qui pourraient les y contraindre s'ils faisaient preuve de quelque énergie.

V

On n'aura une paix solide en Europe, sans le secours de la guerre, que lorsque l'équité, la politique et le suffrage universel y auront fait de réels progrès. Mais pour en venir là, s'il faut ajourner nos espérances en raison du temps qu'a nécessité l'état actuel de nos mœurs, les sages auront encore tout le temps de rêver sur la possibilité de la paix universelle.

Espérons pourtant que le moment du vrai progrès moral va enfin arriver; il dépend du bon sens, du génie et de l'énergie d'une grande nation : les peuples justes ont confiance en elle, ils attendent!...

VI

Quand au second moyen, pour obtenir le désarmement, nous l'avons indiqué dans le courant de cet écrit.

Lorsque la raison et la justice sont impuissantes à faire triompher le bien; il faut briser les résistances par la force, aidée du génie.

C. D.

Paris. — Imp. VIEVILLE ET CAPIOMONT, rue des Poitevins, 6.

www.ingramcontent.com/pod-product-compliance
Lightning Source LLC
Chambersburg PA
CBHW061442050726
47593CB00004B/1424